PATRIE ET FAMILLE.

PATRIE

ET FAMILLE.

(AVRIL 1849).

PAR P. L. DARLU, AVOCAT

A LA COUR D'APPEL DE PARIS.

PARIS

LIBRAIRIE DE L. CURMER,

49, RUE RICHELIEU (AU PREMIER).

1849

Je n'eus jamais l'envie d'écrire, le lecteur verra
bien pourquoi ; j'eus la prétention de penser, il me
le pardonnera.

Je m'étais proposé, au début de cet opuscule, de
tenter une excursion dans l'intérieur de la famille,
ce que j'ai renoncé à faire. J'y reviendrai peut-être
un jour, le sujet n'est pas sans attrait.

J'ai préféré, dans un moment où l'on a tout au plus le temps d'être lu, me réduire à quelques pages, et les consacrer uniquement à la *Grande famille*, ainsi qu'à une patriotique pensée.

J'offre ces pages à mes amis et aux honnêtes gens, à quelque opinion qu'ils appartiennent, en réclamant toutefois leur indulgence, trop heureux si, comme je le désire, il m'était tenu compte de la bonne intention.

CHAPITRE PREMIER.

CONSIDÉRATIONS GÉNÉRALES.

> Il y a des choses qui s'établissent,
> non parce que tout le monde les
> veut, mais parce que personne ne
> s'y oppose.
>
> DUPIN aîné.

L'amour de la patrie, les joies de la famille, les bienfaits de la paix et de la civilisation devraient, à mon avis, largement suffire au bonheur de l'humanité.

Dans les temps où nous vivons, il n'en est malheureusement pas ainsi.

Arrivé à un âge où les illusions ont disparu, où

l'on croit, après avoir longtemps réfléchi, approcher au moins de ce qui semble raisonnable et vrai, je cherchais péniblement à me rendre compte de l'entraînement continu de la société française vers une mer agitée et féconde en orages, de cette déviation vive et persistante qui, depuis près de soixante ans, a changé son caractère, ses mœurs, je pourrais presque dire le type si connu et si apprécié de sa mansuétude, de son exquise politesse et de son urbanité.

J'avais conçu le projet de jeter sur le papier quelques notes fugitives sur cette situation anormale dont j'étais sans cesse occupé, et dans ce but que favorisaient à la fois mes moments de loisir et mes goûts, je traçais, il y a une année à peine, les lignes suivantes, qui devaient servir de préambule ou d'avant-propos aux pensées que je voulais rendre, et qui réagissaient profondément sur moi.

« A une époque où les intérêts matériels, substitués complétement aux intérêts *moraux*, ont envahi en quelque sorte presque toutes les classes de la société, où l'égoïsme et la soif brûlante d'arriver promptement à la fortune par tous les moyens possibles, d'obtenir des emplois, des dignités, des honneurs, a pénétré dans tous les rangs, où l'ambition n'a plus de bornes, parce qu'elle semble désormais n'avoir plus à se contenir, où, d'un autre côté, les idées spéculatives et philosophiques qui nous ont été transmises et inoculées par le dernier siècle, et dont le développement s'étend de jour en jour dans le pays, débordent de toutes parts, où enfin l'intrigue, l'argent et la politique jouent aujourd'hui un si grand rôle, une impression toute naturelle est venue se présenter à mon esprit et à ma raison. Je me suis demandé plus d'une fois si, au train où allaient les choses, au milieu de ce désir immodéré, de cet enfantement laborieux et pénible de bien-être, de position et de préexcellence qu'il s'efforce de conquérir à tout prix, l'homme se trouvait véritablement heureux sur cette terre, s'il n'avait rien à souhaiter de plus ici bas, s'il jouissait, en un mot, d'une félicité parfaite et sans mélange, digne en même temps d'être comprise et d'être sérieusement

enviée. Illusion ! me suis-je écrié, et je n'en veux
pour preuve que ses préoccupations de tous les
jours, de tous les instans, qui, s'emparant de sa
personne et lui imprimant une espèce de vertige,
dont il n'a ni le temps ni la possibilité de se rendre
compte, s'attachent à son existence, l'énervent, la
maîtrisent peu à peu, et finissent par la ternir et la
décolorer entièrement : déception que je déplore,
et qui fait tristement place à la réalité, lorsqu'au
premier contact avec cet homme, industriel ou financier, politique, diplomate, ou coryphée de plai-
sirs et d'intrigues, on aperçoit de suite, à travers le
prisme dont il cherche à se voiler, la sécheresse et
l'aridité de son langage, le manque d'aménité dans
les manières, dans les formes, dans les relations,
dans les habitudes ordinaires de la vie.

» Qu'on ne s'y trompe point ; si, comme on l'a
souvent observé, la sérénité du visage reflète ordi-
nairement les impressions douces et généreuses
dont parfois le cœur se trouve agréablement saisi,
on ne saurait se défendre, il faut en convenir, du
sentiment pénible que tout homme modeste et pai-

sible éprouve, lorsque ses regards viennent à s'arrêter sur ce personnage présomptueux, à la tête
haute et superbe, dont les traits, la démarche as-
surée et la fatuité, les discours et les moindres actions tendraient à vous faire supposer que son seul
mobile et son unique instinct consistent à mécon-
naître journellement l'innocence et la simplicité de
son origine, la grandeur et la majesté d'un Dieu qui
l'a fait si petit, le charme et les jouissances de l'intérieur, de la famille et de l'intimité, les douceurs
de la vie privée et de l'amitié, pour se livrer, à
corps perdu, à toutes les agitations qui l'entraînent,
et *matérialiser* en quelque sorte son existence.

» J'ai hâte de m'expliquer et d'indiquer en peu
de mots le but et les motifs qui m'ont dirigé dans
l'œuvre si souvent rebattue, et par conséquent si
peu nouvelle que j'entreprends ici, celle d'établir
et de chercher à démontrer que si la fortune, ainsi
que la prépondérance sociale, dans la vie privée
comme dans la vie publique, peuvent quelquefois,
souvent même ajouter au bonheur et au contente-
ment de l'homme, il est nécessaire, avant tout, que

la première condition de ce bonheur s'appuie sur quelque chose de réel et de certain; que le plus grand bienfait dont l'Être suprême ait pu doter sa créature, après lui avoir dispensé l'intelligence et le sentiment intime du bien et du mal, c'est de lui avoir donné une famille et une patrie : la famille, pour vivre et couler ses jours au milieu d'elle, l'aimer et la protéger jusqu'au dernier soupir ; une patrie, pour l'honorer, la chérir et la défendre, non pour la tromper et la corrompre, ou finir par l'opprimer.

» PATRIE ET FAMILLE ! source féconde de bonheur ou de peines, de gloire ou d'illusions, de fortune ou de misères, mots sacrés et électriques, qui devraient faire vibrer à chaque instant le cœur du patriote et du citoyen, tels que dans ma pensée j'en conçois et le caractère et la dignité, tels aussi que je voudrais les faire comprendre et accepter pour modèles par la génération qui s'avance!...

» Puisse le fruit de mes réflexions être accueilli

avec bienveillance par ceux qui, ne considérant sérieusement la vie que comme une transition naturelle, à laquelle l'âme doit survivre un jour, re-
connaissent qu'il faut, sans hésiter, la dégager de
tous les prestiges dont la vanité cherche continuel-
lement à l'entourer ; par tous ceux qui ayant mûre-
ment réfléchi sur la fragilité de la nature humaine,
et sachant apprécier et réduire les choses de ce
monde à leur juste valeur, sans passion, sans ambition, aussi bien que sans envie, ont la fierté de se
croire les égaux de leurs semblables, dans quelque
condition que la Providence les ait placés, si, comme membres de la grande famille, que représente
le Peuple, et qui en est la vivante image, ils obéis-
sent franchement et sans arrière-pensée aux lois de
leur pays, quelle que soit la forme de son gouvernement, et supportent sans murmurer ou se plaindre les charges qui doivent peser sur eux : si, d'un
autre côté, ils accomplissent ponctuellement toutes
les obligations que la vie privée leur impose, heureux si, après tout, une religion douce et intelli-
gente vient soutenir leur courage, et les fortifier

dans le cours difficile et pénible de leur laborieuse existence !

» Que l'on ne pense pas toutefois que je méconnaisse la hiérarchie des pouvoirs et des sommités sociales ; cette hiérarchie existe, elle est utile, nécessaire, indispensable même, et je n'entends nullement la mettre en question ou lui porter atteinte. Que la fortune ou le hasard, souvent même le mérite et le talent en soient le principe et la source, je la respecte parce qu'elle est, et que vouloir la contester ou s'élever contre elle, ce serait nous conduire directement à l'anarchie ou au chaos. Je n'entends donc parler ici que des pouvoirs publics, que je n'ai pas besoin de définir, parce qu'ils se trouvent naturellement écrits dans la constitution de tout pays civilisé. Sans leur institution, sans leur équilibre parfait, une nation ne saurait subsister longtemps, la vie lui manquerait bientôt. Quant aux rouages et aux ressorts qui font agir et fonctionner ces pouvoirs avec plus ou moins d'habileté, de prudence ou d'incurie, cette science qu'on nomme la *politique* m'est assez peu familière, je le confesse de bonne foi, et je m'empresse d'ajouter que je ne le regrette point, car elle n'a pas d'attrait pour moi.

» J'ai craint, je l'avouerai, de m'égarer, et plus d'une fois je me suis trouvé tenté de m'arrêter avant d'aller plus loin ; mais les idées que je veux rendre et exprimer le mieux qu'il me sera possible m'ont paru si loyales et si honnêtes (qu'on me pardonne l'expression), que j'ai repris courage, en songeant que si je ne devais pas être assez heureux pour plaire ou pour intéresser, au moins je n'allais rien émettre qui ne fût l'expression sincère et réfléchie de mes principes constans et de mes intimes con-victions. »

Je m'étais mis à l'œuvre, lorsqu'un mouvement populaire, aussi prompt que l'éclair, aussi impétueux que la foudre, est venu, au mois de février 1848, renverser la royauté en France et proclamer la république. Un fait immense s'est accompli, la monarchie a disparu : elle s'est trouvée emportée loin du sol, malgré les racines profondes qu'une dynastie nouvelle semblait y avoir jetées, malgré le mécanisme et le jeu des institutions constitution-nelles qui paraissaient devoir la défendre et la pro-téger. La souveraineté de *tous* a été substituée à la souveraineté d'*un seul*, dont le sceptre brisé en quelques instans, et réduit en poussière, a toutefois dans sa chute ébranlé plus d'un trône. Ce jour fut-il néfaste?... Je n'hésite point à le couvrir d'un voile funèbre, et je crois avoir pour écho l'immense majorité de mes concitoyens. Au surplus, l'histoire impartiale et sévère se chargera un jour de dire son dernier mot et de le transmettre à la postérité.

Quoi qu'il en soit, en présence de la situation du pays, de ses destinées futures, les affections, les souvenirs, les sympathies particulières, doivent s'imposer silence et se taire, pour ne songer exclu-sivement qu'au salut de la patrie, qui ne saurait périr, et qui plus que jamais, dans les momens de crise, a droit de compter sur l'union, le courage et la persévérance de ses enfans.

Qui dit patrie, dit société, famille, institutions, grandeur, nationalité, puissance.

Ce que je voulais écrire *avant* le nouvèl ordre de choses, je puis l'écrire *après*, je m'étais seulement arrêté, car je m'adressais alors, ainsi que je le fais aujourd'hui, aux hommes de mon pays dont les institutions ont pu se trouver modifiées ou changées, mais dont la nature et le cœur doivent être toujours les mêmes (1).

Je reviens donc à mon sujet.

(1) Les situations peuvent changer, mais les principes ne changent pas.

CHAPITRE DEUXIÈME.

LA FRANCE DÉMOCRATIQUE.

Je me demande d'abord si la France est démocratique? Poser la question, c'est, il me semble, la résoudre. Oui, la France est démocratique, et je n'en veux pour preuve que les luttes incessantes et terribles qui, depuis 1789 jusqu'à nous, se sont engagées, et pour ainsi dire perpétuées entre le pouvoir monarchique et le peuple. D'une part, la royauté luttant péniblement, mais en vain, pour défendre et pour maintenir ses priviléges et ses antiques prérogatives ; de l'autre, une nation généreuse et longtemps comprimée, résistant avec énergie contre les abus de toute espèce, et contre les efforts surannés d'une aristocratie débile et énervée. C'est de cette vérité pourtant si incontestable que des esprits aveugles ou incrédules persistent encore à ne pas vouloir se pénétrer. Non, l'aristocratie n'est plus, parce que tout périt dans ce monde, et qu'elle a fait son temps. Désormais ce n'est plus qu'un vain mot, et il ne saurait lui rester aujourd'hui que la vanité pour blason, qu'un roseau pour appui.

S'il en est ainsi, par quelle fatale impulsion la royauté s'est-elle donc empressée de courir à sa perte, en affaiblissant, de jour en jour, le trône sur lequel elle s'était trouvée enfin si péniblement rétablie? C'est qu'elle n'a jamais voulu se mettre franchement en harmonie et en rapport direct avec le peuple et s'identifier avec lui; c'est qu'elle n'a jamais cherché, comme elle le devait, et comme elle y était d'ailleurs intéressée la première, à se rendre un compte exact et sérieux de ses besoins, de ses désirs, de ses vœux. La royauté a toujours préféré tenter de retenir et de tout garder pour elle.

Elle a mieux aimé voir par les yeux de courtisans et d'adulateurs maladroits qui l'ont éloignée du peuple, et elle est tombée, parce que sans cesse elle avait manqué de confiance envers lui. Et quand je dis le *peuple*, je ne prétends, bien entendu, parler ni de la populace, qui tend toujours à usurper ce nom et à s'en décorer, ni d'une minorité plus ou moins turbulente, qui n'est rien à mes yeux, mais bien du pays tout entier, dans son acception la plus large. La royauté enfin a cessé d'exister, parce qu'elle n'avait su comprendre ni son siècle, ni les changemens qui s'étaient opérés depuis un grand nombre d'années dans l'esprit et dans le caractère libéral de la nation.

Ainsi a succombé le roi Charles X, qui, dans ses vieux préjugés, respectables sans doute, parce qu'ils étaient sincères, n'avait cessé de croire un seul instant que toute sa puissance et sa force reposaient uniquement sur le principe du droit divin.

Ainsi a passé Louis-Philippe, fondateur ambitieux d'une dynastie avortée, prince populaire avant d'avoir obtenu la couronne, simple continuateur

2

cependant d'une vieille monarchie qui devait, di-
sait-on, rajeunir dans ses mains ; homme habile et
adroit, et plus heureux encore, mais toutefois imbu
de cette étrange erreur, « qu'*il avait été appelé
au trône par le vœu national*, ce qui n'était qu'une
chimère ou une illusion de sa part, puisque les
pouvoirs qui l'avaient élu n'avaient ni qualité ni
mandat pour l'investir de l'autorité suprême.

Et toutefois, je n'hésite pas à le dire, Louis-Philippe fut un souverain envers lequel on n'a point
été juste. Sous son règne, il faut en convenir, bien
qu'on ait prétendu le contraire, la France avait repris, à différentes époques, et son influence et son
rang ; marchant à la tête de la civilisation, et pesant
fortement dans la balance politique, son industrie,
son commerce, et par-dessus tout son crédit financier, s'étaient élevés à un degré de prospérité qu'on
n'avait point encore atteint. La puissance de ses
armes avait noblement maintenu cette prééminence
qui l'avait placée au premier rang comme nation
guerrière. Par malheur, cette exubérance de bien-
être et de supériorité matérielle avait amené et pro-

duit de pernicieux effets, car l'excès en toutes choses est l'ennemi du bien. Un luxe désordonné, cause
naturelle d'un relâchement sensible dans les mœurs,
une ambition démesurée de parvenir à la fortune,
aux honneurs et aux places, et de briller effronté-
ment soit à l'aide de la faveur, soit le plus souvent
par les voies obliques de l'intrigue, s'étaient em-
parés de la société et avaient pénétré dans l'intérieur de la famille. Bien plus, la corruption avait
envahi le pouvoir et les agens qui le servaient. Les
haines politiques s'étaient réveillées menaçantes, les
partis se tenaient en présence, un malaise général
se faisait sentir de toutes parts, surtout parmi les
classes pauvres, victimes d'une perturbation qui
agitait sourdement les esprits, et pour ajouter au ta-
bleau de cette triste situation, les conseillers de la
couronne constamment aux prises avec une opposition ardente et irritée par une lutte inégale, avares
de concessions qu'ils auraient dû faire, et jaloux
principalement de se perpétuer au pouvoir, qu'il eût
fallu depuis longtemps résigner, toutes ces circonstances avaient amené le pays à deux doigts de sa
perte.

Une catastrophe était imminente.

La Royauté avec ses ministres furent impuissans pour conjurer l'orage.

Aujourd'hui, la France est en République.

« Il est des choses qui s'établissent, non parce
» que tout le monde les veut, mais parce que per-
» sonne ne s'y oppose. »

Cette pensée n'est pas de moi ; elle appartient à un savant magistrat, qui, d'un trait de plume, a déterminé le caractère particulier de la Révolution de Février et lui a imprimé son cachet. Événement précipité, inattendu, sous le rapport de la forme et de la nature du nouveau gouvernement, qu'une minorité rêvait en France, et qui s'est trouvé implanté dans notre belle patrie, je ne dirai point comme par enchantement, je mentirais, mais avec le concours inactif, si l'on peut parler ainsi, de l'indifférence et de l'impassibilité d'un peuple qui, s'il n'était pas démocrate, ne pouvait pas du moins passer pour complétement monarchiste. Soixante ans de son histoire sont là, au besoin, pour l'attester. Si donc, ce qui serait bien difficile à croire, et même fort pénible à penser, il n'était ni l'un, ni l'autre, si sa tiédeur dans les situations les plus critiques où depuis longtemps il ait pu se trouver devait, en définitive, devenir endémique et le conduire à un état d'engourdissement pratique et continu, il faudrait sérieusement, je crois, désespérer de lui.

Pour faire cesser cette espèce de scepticisme, et vaincre, s'il était possible, ses incertitudes ou ses scrupules, il y aurait un remède des plus simples, à mon sens, et très-facile à suivre pour tout bon citoyen qui aime et qui chérit sa patrie et sa famille, ce serait de prendre résolument son parti, et d'être une fois pour toutes franchement et loyalement républicain.

CHAPITRE TROISIÈME.

LE VÉRITABLE TOPIQUE.

———

Il est beaucoup de gens qui, dans ce moment encore, ont assez peu de confiance dans le topique qui leur est offert, et je le comprends. Les uns, parce qu'en ouvrant l'histoire de notre première révolution y aperçoivent en tremblant des pages teintes du sang français, les autres, parce que leurs sympathies et leurs tendances monarchiques concourent merveilleusement à leur persuader qu'un établissement républicain se trouve désormais impossible chez nous. Ah! sans doute, je conçois et leurs appréhensions et leurs craintes, après de telles prémices et de semblables épreuves! Il m'est facile aussi de les expliquer, après ce que nous avons vu tout récemment encore...! Qu'est-il besoin de rappeler ici toutes les péripéties et toutes les infortunes qui ont mis de nouveau notre patrie en deuil? Pour faire aimer la République et lui gagner des cœurs, faut-il l'environner de souvenirs lugubres? Ou bien est-il, après tout, nécessaire de lui donner pour cortége et pour escorte obligée une tourbe fougueuse et indisciplinée de néophytes ardens, qui, dans leur enthousiasme furibond, menaçaient de la perdre, en l'étouffant au berceau? Faut-il aussi la présenter aux regards de la multitude sous les traits d'une mégère décrépite et caduque, ou au contraire sous la figure d'une jeune et noble femme dont le gracieux aspect nous charme et nous séduit?

Qu'elle se montre aux yeux des peuples puissante et pacifique, en groupant autour d'elle la Clémence et la Justice, la Tolérance et la force.

Arrière donc aujourd'hui, apôtres démagogues, missionnaires fanatiques, toujours prêts à agir, votre règne est passé. Vous étiez montés à la surface, vous descendez et redescendez encore. Je ne veux pas plus vous arrêter dans votre marche rétrograde que je ne tiens à parler de vous et de vos actes, tant vous êtes petits, tant vous méritez d'être obscurs!

Honneur et gloire, d'un autre côté, à ceux qui, par leur courage et par leur héroïque énergie, ont empêché le vaisseau de l'État de sombrer. L'histoire sera équitable envers eux : elle leur assignera la part qui doit revenir à chacun dans la reconnaissance du pays.

Qu'il me soit permis, quant à moi, infime et ignoré, de faire en quelques mots ma profession de foi politique.

Je n'ai jamais désiré le renversement de la Monarchie ; je l'ai vue disparaître, et j'en ai gémi ; j'ai déploré plus d'une fois les erreurs et les fautes de l'opposition ; je n'étais donc point républicain. Je m'incline devant d'augustes infortunes, je les plains et je les respecte, mais aussitôt après, je ne songe plus, comme tout bon citoyen doit le faire, qu'à la patrie, à la position périlleuse que les journées de Février lui ont faite, au gouvernement de la République, en un mot.

Je dis qu'il faut servir la République, alors même qu'on n'aurait pas pour elle une inclination des
plus prononcées et des plus robustes; qu'il faut,
dans tous les cas, lui prêter, sans arrière-pensée,
secours et assistance; que l'on ne peut, que l'on
ne doit pas s'y refuser, parce qu'avant tout il im-
porte de sauver la chose publique, et de seconder
de tous ses efforts les hommes courageux qui n'ont
point balancé à prendre le timon des affaires et à le
diriger. C'est un mariage de raison, me dira-t-on
peut-être. Je le veux, mais qui n'en a pas fait? Mais
qui souvent ne s'en est bien trouvé?

Il est donc nécessaire de se rallier; je n'ai pas
besoin de beaucoup d'efforts pour le démontrer.

Après le Consulat, sous quels régimes avons-nous
vécu? Je ne parle point de ceux qui l'ont précédé,
depuis la mort de l'infortuné Louis XVI jusqu'à lui,
je veux les laisser dans l'oubli. Nous avons vu l'Empire, la Restauration, puis la Monarchie de Juillet.
Il serait injuste assurément de vouloir s'imagi-
ner que durant la période de temps, successi-
vement parcourue par ces trois règnes, la Fran-

ce n'ait point possédé une certaine somme de grandeur et de prospérité dont elle ait joui, et même assez largement profité. Certes, c'est avec quelque modestie que j'en parle, et je serais tenté de croire cependant qu'une petite pointe d'orgueil national ne paraîtrait pas du tout ici déplacée. Qu'en est-il néanmoins résulté? C'est que nous sommes revenus, à peu de chose près, si je ne me trompe, au même point d'où nous étions partis. Nous avions jadis rêvé une liberté gigantesque et en quelque sorte sans limites ; un gouvernement militaire nous a prouvé que ce n'était qu'un rêve, en y mettant bon ordre. Nous y avons gagné la gloire..... avec le despostime (1). Plus tard, nous avons reconquis, à l'aide d'une insurrection victorieuse, une dose de liberté qui semblait suffisante au grand nombre, et qui avait été payée bien cher, puisqu'à la suite de la lutte, une dynastie de plusieurs siècles avait été violemment emportée, ne nous laissant pour gages et pour garantie de la paix publique que les consé-

(1) Tâchons de n'y point retourner.

quences et que les dangers de la situation, nous n'en avons plus voulu, parce que nous n'en trouvions plus assez, et parce que le dernier pouvoir, sorti des barricades, prétendait nous la marchander à son tour. Qu'est-il arrivé? C'est que le fleuve, grossi par les orages, a fini par déborder, et qu'actuellement nous faisons tous nos efforts pour le contenir et le faire rentrer dans son lit.

Dans ce sauvetage potitique, chacun travaille avec ardeur à lester le bâtiment pour pouvoir le remettre à flot. Redoublons donc à l'envi de force et de prudence afin d'arriver heureusement au port, où nous avons tant besoin de retrouver le calme et le repos!

Et maintenant, je le demande à tout homme sincère et exempt de préventions, la licence la plus effrénée n'est-elle point encore une fois venue remplacer la vraie liberté, telle que doit en user un peuple sage et modéré, qui se respecte et qui tient à être respecté? Ne nous effrayons pas cependant des excès qu'elle peut entraîner avec elle, mais sachons la maintenir dans de justes limites. Courbons-nous en même temps devant les impénétrables décrets de

la Providence, qui semble avoir dit à la nation française : « Peuple indomptable, trop chatouilleux et
» trop jaloux peut-être d'une liberté par toi si sou-
» vent compromise, apprends du moins, puisque
» tu ne veux plus de rois, à te gouverner toi-même.
» Sois *souverain*. »

Et le peuple s'est inspiré, et il s'est ébranlé comme un seul homme. Réuni dans ses comices, il a
tenté une première épreuve qui souriait à son au-
dace et à sa fortune, et au lieu des réformes électo-
rale et parlementaires qu'il avait sollicitées en vain,
le suffrage universel a surgi.

CHAPITRE QUATRIEME.

LE SUFFRAGE UNIVERSEL.

———

A tout prendre, que demandait la population de
Paris au mois de février? elle demandait l'abaisse-
ment du cens électoral, l'adjonction des capacités et
la diminution du nombre des fonctionnaires publics
dans la Chambre des députés. Il eût été facile et fort
peu dangereux, je crois, de lui donner satisfaction,
si une résistance systématique n'avait à cette époque dominé le cabinet. Et cependant, ces préten-
tions étaient fondées ; depuis longtemps elles se fai-
saient impérieusement sentir. Partout le cri de *Vive
la réforme !* était accueilli avec faveur, partout il se

trouvait répété, sur la place publique, aussi bien que par les organes de la presse. Le pouvoir ne voulut rien entendre et refusa obstinément. Il pouvait donner peu alors, il préféra ne rien donner. Plus tard la nation voulut beaucoup plus. Elle avait en vain sollicité une plus large part dans la représentation du pays; ne l'ayant point obtenue, elle finit par s'attribuer cette représentation tout entière.

Ce fut là sa première œuvre. La France pouvait succomber sous les efforts de l'anarchie, le suffrage universel la sauva. En dépit de la fraude qui, dans plusieurs localités, s'était glissée parmi les élections, et malgré l'inexpérience, les embarras et les complications d'un vote que, pour la première fois, l'on mettait en pratique, une Assemblée constituante, composée d'éléments les plus hétérogènes, il est vrai, et les plus opposés, s'est enfin réunie et a proclamé la consécration des grands principes qui régissent aujourd'hui le corps social.

Je ne veux point examiner ni passer en revue les caractères divers des citoyens qui en ont fait partie, ni leur degré plus ou moins élevé dans l'échelle so-

ciale; ce n'est pas du tout le but que je me suis proposé. Je borne mes réflexions sur ce point à ceci :
c'est que l'apparition de certains hommes dans cette
Assemblée doit être assurément un grand enseigne-
ment pour la génération actuelle, surtout pour les
électeurs appelés à élire bientôt une autre Chambre.

Je tiens seulement à constater un fait heureux
pour notre histoire, plus précieux encore pour la
l'état présent , c'est qu'au milieu de la diver-
gence de ses idées et de ses vues, à travers la fluctua-
tion et l'incertitude de ses résolutions, l'esprit de la
majorité de la Constituante moderne a été conserva-
teur, utile à l'humanité, et que, certes, nous lui de-
vons beaucoup. Laissons donc de côté l'excentricité
parlementaire de plusieurs de ses membres, ainsi
que le cataclysme fabuleux des propositions et des
amendemens plus ou moins hasardés par eux portés journellement à la tribune et morts-nés en y
arrivant, et contentons-nous d'adresser des vœux
fervens au ciel en sollicitant de lui l'insigne faveur
de les laisser désormais dans l'oubli et de les faire
disparaître à la législature prochaine. Toutefois, ne

nous montrons point ingrats envers le suffrage universel, car il a, ainsi qu'on l'a vu récemment, grandi en peu de temps dans son application comme dans ses résultats (1).

Près de tomber dans les mains des Vandales qui avaient si audacieusement porté la désolation dans nos cités, la Constitution que nous possédons aujourd'hui, tout imparfaite qu'elle est, nous donnait heureusement le droit de choisir un citoyen chargé de présider à nos destinées futures. A l'aide du suffrage universel, mieux organisé cette fois, mieux discipliné, et, par conséquent plus sincère, près de six millions de Français ont élu pour magistrat suprême l'héritier d'un grand nom, et l'ont élevé à l'insigne honneur de gouverner la France. Cette imposante manifestation n'est-elle pas significative? N'atteste-t-elle pas suffisamment la pensée profonde du pays librement exprimée, et le besoin impérieux d'ordre et de tranquillité qu'il éprouve? N'est-ce pas encore, dans une circonstance aussi

(1) L'élection du 10 décembre.

grave, le suffrage universel qui nous a préservés du danger? Quelle puissance, en effet, supérieure à la sienne serait en état désormais de créer un pouvoir aussi considérable et aussi fort, et de lui communiquer son énergique vitalité? Aucune, assurément, et pourquoi? C'est que la voix du peuple s'est fait entendre ce jour-là, du véritable peuple, comprenez-le bien; c'est que la volonté de *tous* oblige, c'est que l'autorité déléguée directement par la masse de la nation et confiée à l'élu de son choix est une autorité irrésistible et sacrée. Dès lors, plus de prétextes pour désobéir à la loi ou pour s'affranchir des obligations qu'elle impose; plus de pensées coupables, plus de tentatives criminelles de révolte ou d'insurrection, qui seraient à l'heure même énergiquement réprimées, puisqu'en prêtant serment solennel de fidélité à la République, le chef de l'Etat a juré tout à la fois de faire respecter nos institutions et de les conserver intactes.

Il ne faut donc point se préoccuper outre mesure des craintes, à vrai dire chimériques, que le dévergondage et la forfanterie des ennemis de la Répu-

blique inspirent trop fréquemment aux bons citoyens. Socialistes ou communistes, et vous autres,
fauteurs infatigables de désordres et de troubles,
impurs dans vos écrits, dans vos paroles comme
dans vos actions, le vote universel, que vous redoutez
maintenant, vous a tout récemment comptés ; votre
nombre est fixé, la nation vous observe et vous tient
en échec. Sans cesse vous parlez de nouveaux pro-
sélytes, vous les cherchez partout, et vous n'en trou-
vez point, car la vérité se fait jour. Votre charlata-
nisme, désormais impuissant, cherche en vain à
couvrir du manteau de la bonne foi vos utopies sociales, qui ne peuvent plus tromper personne.

La République devait venir ! *alea jacta est !* a dit
un grand écrivain, plutôt poète qu'homme politique, heureusement pour nous, peut-être aussi pour
lui. Il faut la maintenir et la fortifier, parce qu'elle
peut vivre si elle est bien dirigée, et parce que, après
elle, il n'y a plus rien, plus rien qu'un abîme. Le
concours de la nation est donc indispensable.

« Plus qu'aucun autre, le gouvernement républi-

» cain a besoin du concours de toutes les classes de
» citoyens. Si la masse de la population ne l'adopte
» pas chaudement, il est sans racines ; si les clas-
» ses élevées le repoussent ou le délaissent, il est
» sans repos. »

C'est ce qu'a écrit M. Guizot dans son récent ou-vrage, *De la Démocratie en France*, et je suis de son avis.

Je lis plus loin un passage qui vient, au besoin, fortifier ce que je disais tout à l'heure :

« La République sociale, dominée par les forces
» d'ensemble et d'ordre de la société, sera inces-
» samment combattue et vaincue dans ce qu'elle a
» d'absurde et de pervers. »

Je suis heureux, je l'avoue, d'emprunter ces deux citations à l'illustre publiciste dont j'ai toujours ad-miré le talent et le caractère, et dans ce juste hom-mage que je me plais à lui rendre, je ne puis pas-ser pour suspect, ou être taxé de flatterie, puisque c'est à la résistance et à l'opiniâtre tenacité de cet homme d'Etat, du premier ministre de Louis-Philippe, que j'attribue en grande partie la chute de la Monarchie de Juillet.

Disons donc avec M. Guizot : Utilité pour la République d'être chaudement adoptée par la masse de la population ;

Utilité pour tous, et particulièrement pour les classes élevées.

Un intérêt commun les entraîne, car il réside dans ces mots : Etre, ou ne pas être.

Répétons encore avec lui :

Force et ordre protégeront la société ; la perversité sera combattue et vaincue.

A qui devrons-nous ce bienfait? Au suffrage universel ?

CHAPITRE CINQUIÈME.

LA RÉACTION.

—

Gardons-nous de ne point prendre au sérieux nos institutions actuelles, par une raison sans réplique, c'est qu'elles sont l'œuvre du temps et de la pensée : du temps, car plus d'un demi-siècle a servi à les préparer ; de la pensée, car les idées progressives d'indépendance et de liberté ont tellement grandi et marché en avant, que rien ne saurait plus les arrêter, sauf l'ordre qui doit les réglementer, sans y porter atteinte. Si l'œuvre est difficile, est-elle donc impossible ? Ah ! je vous plaindrais sincèrement, mes chers concitoyens, si vous veniez dès ce jour, avant d'avoir tenté l'épreuve, à désespérer de la situation que les fautes de la Monarchie nous ont faite, ainsi que du salut de la République! Vous mériteriez bien alors d'être taxés de peuple frivole et léger, comme on vous l'a si souvent reproché, en opposant, il est vrai, comme palliatif, votre bravoure à votre inconstance, votre courage à votre caprice.

On me dira peut-être : mais l'épreuve a déjà été faite, et elle n'a point réussi ; mais toutes les classes en France n'étaient pas à la tête de la révolution de Février et n'y ont pas concouru. Si la République n'a pas été possible autrefois, peut-elle l'être aujourd'hui davantage ?

A cela je réponds :

Les choses ont bien changé, les circonstances ne sont plus les mêmes, il n'est aucun esprit sérieux qui ne le reconnaisse. Jadis, à la suite des catastrophes qui ont bouleversé la France après l'avoir placée sous la hache des bourreaux, on pouvait, je le conçois, essayer d'une Restauration, mais maintenant le pourrait-on? La moindre chance existerait-elle? Évidemment, non, car tout a été tenté, tout a été mis en pratique, et usé en quelque sorte.

De quoi pourriez-vous donc vous plaindre? De l'avénement de la République? Mais vous l'avez laissée se produire sans obstacle, et la majeure partie du pays l'a provoquée par ses tendances et même encouragée par sa conduite. Qui a défendu la Monarchie, je vous prie? Personne, assurément; en un instant elle a déserté la place, et la République aussitôt s'est présentée devant un trône renversé et vacant, abandonné par le prince et par ceux qui toujours abandonnent les rois au moment du danger, puis reviennent ensuite. Elle s'est établie, j'en conviens, sur des ruines, avec des oscillations terribles, mais ces ruines elle cherche à les relever. Dans cette rude et laborieuse entreprise, qui n'est point sans périls, nous en voyons plus d'un travailler à grand'peine aux remparts qu'il avait minés et concouru à ébranler, puis les défendre à leur tour pour protéger la liberté contre les attaques de ses implacables ennemis. Aussi tous les hommes honnêtes, tous les vrais patriotes se mêlent-ils chaque jour, avec un empressement et avec une abnégation qui les honore, à ces ouvriers infatigables qui ne cessent de veiller à toute heure sur la brèche à moitié réparée, à ces *travailleurs* d'une nouvelle espèce, dans l'ordre militaire comme dans l'ordre civil, magistrats, financiers ou industriels, qui, certes, ont bien mérité ce titre, que naguère encore on accordait, en le prostituant, aux démolisseurs de l'ordre social.

Je sais bien que l'aristocratie sommeille, et qu'elle serait, dit-on, tentée de s'éveiller. J'entends, en effet, répéter de tous côtés « *que la République doit faire aussi son temps, qu'il faut en passer par là.* » Semblable à une usufruitière rachitique et peu viable qui s'éteindra bientôt, mais que l'on doit choyer en maladie, sauf à l'expédier au plus vite au jour heureux de l'agonie. Imprudens! et que prétendez-vous? Vous établir tranquillement sans secousse après elle? Y avez-vous songé? Le sol tremblerait sous vos pieds. Mais quand les monarchies, qui depuis soixante ans se sont perdues dans l'espace, ont fini par accuser, hélas! leur faiblesse et leur impuissance, où étiez-vous alors vous et vos devanciers ? Qu'êtes-vous devenus ?... Le vent a soufflé sur vos têtes et vous avez disparu.

Je n'ignore point non plus que votre vanité vous ramène sans cesse à vos prétendus titres, pauvretés de notre époque, que la Constitution, et plus encore le bon sens ont détruits, à vos rubans bariolés, véritables hochets faits pour amuser les enfans ; qu'au mépris de ce pacte que vous méconnaissez, vous vous targuez partout, dans vos écrits, en public, et jusque dans les salons du pouvoir, de distinctions nobiliaires qui trahissent vos projets, ou au moins vos désirs. Prenez-y garde, la République nous a coûté trop cher pour qu'il faille recommencer un jour. Si le sang de généreux citoyens a coulé, si de vaillans guerriers ont succombé dans la lutte, si des pertes irréparables ont été faites, elle a sans doute le droit d'en mesurer et d'en apprécier tout le prix ! Ne troublez pas ses espérances en tentant de nouveaux hasards dont vous pouviez vous repentir. Croyez-moi, laissez la main de Dieu nous conduire et nous diriger, car l'avenir est dans ses mains, vous seuls êtes impuissans.

Je suis loin, cependant, de croire à ce qu'on pourrait appeler une réaction sérieuse et surtout efficace, lorsque le gouvernement de la République montre, comme il le fait, tant de prudence et d'énergie dans sa conduite; lorsqu'il cherche, en effaçant les traces de nos calamités et de nos discordes, à nous abriter contre les orages. Lui reproche-t-on, par exemple, de ne pas faire de propagande pour aider à révolutionner les peuples? Il répond à la tribune par l'organe officiel de l'un de ses membres : « Que le gouvernement de la République n'entend » point admettre une sorte de solidarité entre la » République française et toutes les insurrections, » tous les mouvemens qui pourraient se produire » dans certains pays de l'Europe (1). » Craint-on de le voir faiblir devant les violateurs de la Représentation nationale, contre l'assassinat ou la révolte? Il répond par ses actes et fait parler la loi. Se laisse-t-il intimider par les partis, à quelque dra-

(1) M. Drouyn de Lhuis, ministre des affaires étrangères, séance du 20 février 1849.

peau qu'ils appartiennent? Il n'entend point le to-
lérer, parce qu'il manquerait à la liberté et aux
principes d'égalité qui constituent le droit de tous.

Une réaction n'est point à craindre, si l'on y ré-
fléchit un instant; elle ne pourrait, dans tous les
cas, être fatale qu'aux réactionnaires eux-mêmes,
soit qu'ils viennent à se montrer sous les dehors
trompeurs d'une caste ralliée, ou sous le masque
hideux du radicalisme le plus abject.

CHAPITRE SIXIÈME.

LE PASSÉ, LE PRÉSENT, L'AVENIR.

———

Qu'il me soit permis pour un moment de jeter un coup-d'œil rétrospectif, et de considérer l'état de la France, il y a une année, de Paris principalement. Débordé par les factions, en proie à toutes les agitations révolutionnaires produites par un ébranlement subit et par une effervescence qui semblait devoir tout détruire, Paris respirait à peine. Partout la crainte, et parfois la terreur. La société, silencieuse et muette à la vue de ces promenades et de ces manifestations menaçantes qui se renouvelaient journellement devant elle, élevait ses regards douloureux vers le Ciel et se contentait de gémir en silence. D'un côté, la dévastation et le pillage, la plantation de ces arbres, dits de la Liberté, avec leurs saturnales; de l'autre, les murs de la capitale et de nos cités inondés de proclamations et d'affiches incendiaires : les édifices particuliers, ainsi que les monumens publics couverts et sillonnés de cette *fraternelle* devise, à laquelle il manquait trois mots, qu'on eût fini par ajouter. Les familles fuyant en toute hâte, emportant avec elles leurs objets les plus précieux ; partout enfin la ruine, la désolation, la misère, et pour qu'il n'y manquât rien, l'envahissement de l'Assemblée nationale au 15 mai, et les lamentables journées de juin. Telle était la situation lugubre de la capitale de la France et de ses principales villes, dans le cours des quatre mois qui se sont écoulés depuis la révolution, de Février. Ajoutez à cela l'envoi dans les provinces de sinistres proconsuls, dont le joug tyrannique a tant pesé sur elles! Gouverné depuis cette époque par une coterie ridicule qui voyait le pouvoir prêt à lui échapper, et qu'elle voudrait en vain retenir, notre malheureux pays s'est traîné péniblement dans l'ornière des révolutions, jusqu'au jour de l'élection du Président, dont le résultat s'est traduit en une énergique protestation contre ce qui avait été fait jusqu'alors.

Voilà, en peu de mots, le Passé.

Depuis, un gouvernement régulier s'est assis au milieu des passions les plus violentes et des difficul-cultés les plus ardues. Il n'est pas temps encore de porter un jugement réfléchi sur la personne du premier magistrat de la République, sur ses qualités ou ses imperfections, sa politique ou ses vues. Bornons-nous à reconnaître et à proclamer avec joie que l'ordre et la tranquillité se rétablissent de jour en jour, que le crédit public se raffermit, et avec lui la confiance du commerce et de l'industrie, et que, malgré tous les efforts désespérés d'une anar-chique résistance, la loi reprend de toutes parts son empire et sa force. A quoi faut-il attribuer ce résul-

tat heureux, cette héroïque transformation sociale ?
Au besoin absolu qu'éprouve naturellement le pays
de rentrer dans un état normal et dans les voies de
l'honnêteté publique, aux bonnes intentions, et
surtout à la volonté ferme de ses gouvernans ac-
tuels.

Et cependant quel plus imposant spectacle aux
yeux de l'Europe entière, que celui de notre existence politique, et même matérielle, devenue calme et paisible au milieu de la grandeur des institutions libérales que la nation française a si péniblement conquises, et qu'elle doit religieusement
conserver ! D'une part, la liberté de la presse dé-
gagée de toutes entraves, sauf la répression légale
des délits, l'institution du jury étendue et dévelop-
pée dans son application la plus large, puis le suffrage universel dont j'ai parlé avec entraînement,
et qu'il y a dix ans je croyais impossible ; de l'autre, cette magistrature si vénérée en France, fonc-
tionnant aujourd'hui avec indépendance et avec liberté, et rendant la justice à tous avec cette haute
intelligence et cette impartialité qui l'ont toujours

distinguée, puis enfin le souverain et imprescrip-
tible respect de la propriété, malgré l'idéologie fan-
tastique du socialisme ou du communisme, réduite
à sa juste valeur, honnie comme elle devait l'être,
et stygmatisée même par d'illustres philanthropes
et de doctes publicistes, qui n'ont pas craint de lut-
ter corps à corps avec elle, et de la dépouiller à la
fin du prestige qui aveuglait les masses.

Voilà le Présent, tel qu'il se révèle à moi, et que
l'on n'a pas craint cependant de qualifier de transition réactionnaire.

Espérons, quant à nous, que cette réaction se
consolidera, d'abord par la prudence, ensuite par
des améliorations progressives, appropriées aux
besoins et aux exigences bien comprises de notre
société.

Pour l'avenir, j'ignore, comme beaucoup d'autres, où il nous conduira.

L'avenir! mais n'est-ce point un problème inso-
luble?

Si j'étais courtisan, je dirais que je n'en augure
pas mal, mais n'est pas courtisan qui veut.

En tous cas, voici comme je résume la situation :

Le passé a été mauvais, déplorable (1).

Le présent est meilleur, il faut nous y rattacher.

Les institutions sont bien loin d'être parfaites, car on bâcle tous les jours et l'on démantibule sans cesse : le lendemain détruit la veille.

Comment faire pour y parer ?

L'Assemblée législative avisera.

Et si la Constitution est par trop boiteuse ?

C'est elle qui la redressera.

Les élections seront donc bonnes ?

Prenez patience, dans peu le suffrage universel vous le dira.

(1) Il ne faut pas cependant être injustes envers de généreux citoyens qui, dans des temps difficiles, ont été portés à la tête des affaires, et dont les efforts pour dominer la situation se sont trouvés souvent infructueux. L'opinion publique a su les distinguer, et leur conscience au surplus les affranchit non-seulement de tout blâme, mais leur donne droit encore à la reconnaissance de leurs concitoyens.

CHAPITRE SEPTIÈME.

CONCLUSION.

La République est fondée :

En cela nous sommes plus avancés que les autres peuples, car tôt ou tard, si je ne me trompe, ils arriveront à leur révolution ; une force motrice et surhumaine les y pousse, la nôtre est faite. Nous avons effleuré la cigüe de nos lèvres : elle a fait des ravages, mais elle ne nous a point emportés, nous vivons !

Tâchons de bien vivre, en consolidant ce qui est.

Reconnaissons d'abord qu'une autre forme de gouvernement n'est plus praticable. Que ferait

Henri V, que feraient les d'Orléans? Rétablir la monarchie sur des bases assez fortes et assez solides pour dominer les partis et assurer la tranquillité du pays? Cela n'est pas possible, il ne faut donc plus y songer. Otons à nos adversaires tous prétextes. Ils ont voulu la République, la représentation nationale l'a sérieusement acceptée. Cette acceptation a été franche et loyale, et a pour conséquences l'égalité pour tous; plus de castes, plus de talons rouges d'une nouvelle forme, plus de distinctions honorifiques que celles qui sont dues à l'intelligence et au vrai mérite; que désormais notre noblesse puise son origine et sa source dans une illustration citoyenne, celle qui a si grandement anobli les hommes éminens de notre époque dans les diverses carrières qu'ils ont parcourues, les Thiers, les Molé, les Guizot, les Lamartine, les Bugeaud, les Gay-Lussac, les Becquerel, et tant d'autres notabilités dont la patrie est fière, et dont elle s'honore à si juste titre.

Respect à tous les droits acquis, respect surtout à la propriété, à son inviolabilité.

Guerre impitoyable à l'anarchie, et, en retour, liberté individuelle, liberté de la presse, indépendance du vote, soumises toutefois, en cas d'abus, aux répressions énergiques de la loi, devant laquelle chacun doit religieusement se courber.

Prouvons au monde entier que le gouvernement de la République est une institution forte et durable, lorsqu'elle s'appuie avec honneur et avec dignité, comme la nôtre, sur le concours et sur l'union des citoyens.

Et vous, les heureux du jour par le rang ou par la richesse, gens en place ou parvenus, qui n'étiez rien hier et qui demain peut-être... soyez bons envers vos semblables, humains et généreux envers l'infortune, affables envers vos inférieurs, vous y gagnerez toujours; et, d'ailleurs, ne sont-ce pas vos frères que souvent le sort maltraita? Résistez à la vanité; c'est une petite faiblesse que nos récens malheurs ont dû guérir, car un jour nous rendit égaux, et le chaos était au bout!.. Que l'homme aussi bien se souvienne qu'il est peu de chose ici-bas; que son âme et que ses pensées s'élancent fréquemment vers Dieu, et il deviendra meilleur ; qu'il se prosterne devant lui avec la conscience intime de son néant, et répète avec extase ces admirables lignes de l'auteur du *Contrat social* et d'*Emile* :

« Plus je m'efforce de contempler son essence
» infinie, moins je la conçois ; mais elle est, cela
» me suffit ; moins je la conçois, plus je l'adore. Je
» m'humilie, et lui dis : Etre des êtres, je suis parce
» que tu es ; c'est m'élever à ma source que de te
» méditer sans cesse. Le plus digne usage de ma
» raison est de s'anéantir devant toi : c'est mon ra-
» vissement d'esprit, c'est le charme de ma fai-
» blesse de me sentir accablé de ta grandeur (1). »

O vous qui rêvez sans cesse les révolutions et ne reculez point devant elles, les feriez-vous encore, dites-moi, si vous pensiez plus souvent à la divinité, si vous songiez quelquefois à la patrie et à la famille ?

Mais il est temps de conclure, et je le fais d'autant plus volontiers, que je termine en empruntant

____

(1) Rousseau.—*Emile*, vol. 2, liv. 4, p. 57.

à l'un des organes les plus modérés de la presse, qui ne se pique pas, j'en conviens, d'être *ultrà ré-publicain*, l'expression d'un vœu qui doit être partagé par tous les bons citoyens, et dont je crois m'être rendu déjà l'interprète et l'écho :

« Que la République nous donne à peu près le
» même bien-être, la même prospérité que *la ty-*
» *rannie* ; qu'elle devienne un gouvernement sta-
» ble, accepté par la majorité de la nation ; qu'elle
» protège tous les droits, tous les intérêts ; qu'elle
» nous donne un progrès réel ; qu'elle dompte l'é-
» meute et l'anarchie ; qu'elle sauve notre avenir
» financier ; qu'elle rende à toutes les branches de
» l'activité humaine la vie et la prospérité ; qu'elle
» restitue à la France son influence parmi les na-
» tions ; qu'elle assure le retour des arts ; qu'elle
» place ou maintienne au pouvoir des ministres
» capables et honnêtes ; qu'elle mette fin à nos luttes
» intestines, à tous les changemens révolutionnai-
» res (1). »

(1) L'*Assemblée nationale*, 27 février 1849.

Je voudrais ajouter une pensée à ces nobles souhaits :

Que dans peu la République, complétant la grande famille, puisse effacer de nos codes les lois de 1832 et de 1848, en ouvrant les portes de la France à tous ses enfans. Soyons justes envers ceux qui nous ont aimés, et qui nous aiment encore. Eloignés de la patrie, ils font aussi des vœux pour elle ; j'en ai pour garans leurs services passés et leur patriotisme (1).

C'est encore avec bonheur que je m'empare, avant d'achever, d'un document remarquable (le *Manifeste de la République modérée*), qui résume parfaitement tout ce que j'ai voulu dire , et qui m'est d'autant plus précieux, qu'il est l'œuvre d'un citoyen dont les opinions politiques se trouvaient beaucoup plus avancées que les miennes.

Je suis heureux, je l'avouerai, de me rencontrer avec lui. Cet homme a tenu, au surplus, le pouvoir

(1) Il suffit de se rappeler le départ de l'Algérie et les adieux touchans des deux fils de Louis-Philippe.

dans ses mains; le pouvoir mûrit, l'expérience éclaire.

« La France est à la veille d'une grande épreuve,
» d'une épreuve décisive. Dans quelques semaines,
» elle sera appelée à compléter ses institutions par
» l'élection des membres de l'Assemblée législative.

» Le peuple français, qui a déjà fait la solennelle
» application du suffrage universel, qui a si admi-
» rablement compris les devoirs que lui imposait
» l'exercice de son droit souverain; le peuple,
» cette fois encore, saura faire sortir du scrutin la
» consolidation de l'ordre, de la paix et de la so-
» ciété.

» Le gouvernement qui organise la République
» de 1848 est fait non pour continuer la révolution,
» mais pour la clore. Inattendue, sortie de com-
» plications et de fautes désormais oubliées, la Ré-
» publique ne doit point être une œuvre de parti,
» mais une œuvre de progrès et de nécessité. Sa rai-
» son d'être, c'est à la fois son évidente légitimité
» et l'impuissance avérée de toutes les autres for-

» mes de gouvernement; son honneur, c'est de res-
» ter le gouvernement de tous, de faire appel à tous
» les efforts, d'accueillir tous les dévouemens; sa
» force, c'est le développement rationnel de tous les
» droits, l'ennoblissement de tous les devoirs; ses
» bienfaits, ce sera de multiplier le travail pour élargir
» encore les bases déjà si larges de la propriété, et
» d'étendre l'assistance publique (1) à toutes les
» souffrances qui la méritent.

» Que les électeurs, par des irrésolutions, des
» faiblesses ou des entraînemens coupables, ne
» compromettent point l'ordre public, affermi par
» ses victoires successives sur l'anarchie et par les
» progrès toujours croissans de l'esprit de concilia-
» tion. Continuons l'œuvre commencée en l'amé-
» liorant; gardons-nous de la renverser quelles
» qu'en soient les imperfections, car tout boule-
» versement nouveau, toute tentative de contre-ré-
» volution, après tant de souffrances et d'épreuves,
» mettrait en péril la vie même de la société. Sa-

____

(1) Et non le *droit* au travail : Quelle absurdité!

» chons fermer énergiquement la carrière des ré-
» volutions. Toute intrigue, tout complot contre
» nos institutions républicaines, à peine appli-
» quées, serait un crime. Que ceux qui ourdiraient
» ces trames et ces conspirations le sachent bien !
» De quelque prétexte qu'ils se couvrent, ils ne
» sont ni moins coupables ni moins anarchiques
» que ces sauvages perturbateurs qui ont ensan-
» glanté nos rues, car eux aussi préparent la guer-
» re civile.

» Comme condition de nos suffrages, deman-
» dons tous ensemble une adhésion formelle aux
» institutions fondées au nom de la nation par l'u-
» nanimité de l'Assemblée constituante et un con-
» cours loyal au président élu par le suffrage uni-
» versel. Le pays a voulu, par l'imposante élec-
» tion du 10 décembre, associer le nom glorieux de
» Napoléon Bonaparte à l'affermissement de la
» République. Les bons citoyens doivent effacer
» leurs dissidences antérieures, et s'unir à ce sen-
» timent qui devient désormais une puissante ga-
» rantie d'ordre, de calme et de prospérité.

» C'est afin d'atteindre ce but, c'est dans cet es-
» prit que nous croyons devoir nous adresser à nos
» concitoyens. Que la sagesse du peuple décourage
» à la fois et ces espérances stériles entretenues par
» les regrets d'un passé qui ne renaîtrait un ins-
» tant qu'au prix de sanglantes catastrophes, et ces
» systèmes insensés qui, par de vaines et odieuses
» utopies, compromettent les principes les plus sa-
» crés de l'ordre social! N'acceptons que ceux qui
» veulent loyalement affermir ce qui est, l'amélio-
» rer par des voies légales, prudentes et pacifiques,
» et remettre l'avenir du pays à un gouvernement
» honnête, ferme et conciliateur. Le salut est à ce prix.

» Pour nous, nous serions heureux si nous pou-
» vions contribuer à faire passer dans l'esprit des
» électeurs ces convictions patriotiques que nous
» ont données de douloureuses expériences, et nous
» croirions avoir rendu à la patrie un des services
» les plus vrais et les plus féconds que nous puis-
» sions lui rendre (1). »

(1) M. Garnier-Pagès et plusieurs autres collègues, 16 février 1849.

Quelle profession de foi politique plus digne et en même temps plus élevée!

Et celle du *Comité électoral* de la rue de Poitiers! Que tous les bons citoyens la lisent et s'en pénètrent (2).

Electeurs, mes chers compatriotes, à l'œuvre dans peu de jours.

Et vous futurs élus de la représentation nationale, seule et véritable expression de la volonté du pays, comprenez-vous bien bien la grandeur et la sainteté de votre mission, comprenez-vous bien l'ambition que tout cœur généreux doit éprouver de voir sortir son nom de l'urne!

Electeurs, encore un mot :

Réfléchissez avec calme à cet acte suprême; il s'agit du salut de la patrie et de la famille. Séparez l'ivraie d'avec le bon grain, et prononcez ensuite!

(2) MM. Thiers, Molé, de Montalembert, etc., etc.—16 mars 1849.

TABLE DES MATIÈRES.

Paris, Imprimerie de E. Brière, rue Sainte-Anne, 55.